फिलहाल मैं ठीक हूँ

कच्ची कवितायेँ

राहुल श्रीवास्तव

Made with ♥ on the Notion Press Platform
www.notionpress.com

Dedicating this book to my praents.

क्रम-सूची

भूमिका vii

1. फिलहाल मैं ठीक हूँ 1
2. सिकुड़े चादर की सलवटें 2
3. मैं यूँ ही अब 3
4. राजनीति 4
5. जरुरत नहीं है मुझे 5
6. बस दोस्त मिलता नहीं है 6
7. निर्ममता 7
8. चलते रहो 8
9. जीवन लक्ष्य 9
10. अनकहे शब्द 10
11. मैं शर्मिंदा हूँ 11
12. निष्पाप निष्कलंक 12
13. ग्वालियर की मिट्टी 13
14. अजीब सफर है ये 14
15. मुस्कराहट के पीछे 15
16. खिड़की 16
17. अभिनव 17
18. आजादी 18
19. देशप्रेम 19
20. थोड़ा इश्क कर 20
21. तुम बड़ा याद आते हो 21
22. दोस्ती में कैसी उधारी। 22
23. मुलाकात 23

क्रम-सूची

24. मुस्कानें झूठी ही रह गईं 25

25. रंगों के गुलाम 26

26. एयर होस्टेस 27

27. ये सुर्ख गहरी कत्थयी आंखें 28

28. एक नज़र दरवाजे पर 30

29. बरसात आने को है 31

30. जिंदगी 33

31. झूठ 34

32. चेतक चढ़ो प्रताप 35

बड़े बेहोश थे हम 37

भूमिका

फिलहाल ठीक हूँ मैं

जो भी मुझे जानते हैं और मुझे प्यार करते हैं, वो मेरी पिछली किताबों से मेरी कविताओं से बेहद दुखी हैं। अधूरी बातें और कच्ची कवितायें मैंने उस समय लिखीं जब में बहुत दर्द में था और उससे निकलने का मुझे कोई रास्ता नहीं दिख रहा था , अपने दर्द को शब्दों में व्यक्त करने के अलावा मेरे पास कोई अन्य विकल्प नहीं था। जो दर्द गुस्सा अंदर उत्पन्न हो रहा था वह लिखने के बाद कम हो गया।

अब जब दर्द कम हो गया तो मैंने सोचा कि कुछ अच्छा भी लिखूं। अपनी नयी कविताओं के माध्यम से मैं अपने चाहने वालों को ये बताना चाहता हूँ कि मेरे दोस्तों - फिलहाल मैं ठीक हूँ !!

"जो दिल में आता है कह देता हूँ , जो कह नहीं पाता वो लिख देता हूँ। " - Rs

1. फिलहाल मैं ठीक हूँ

कुछ कहूँ , अब क्या ही कुछ कहूँ ,
बस इतना ही कि , फिलहाल मैं ठीक हूँ।
अधूरे सपने , अँधेरी रातों को जागते जुगनू ,
चाँद बिन सितारे बस, औऱ क्या फिलहाल मैं ठीक हूँ।
प्यासा नदी किनारे , छू ना सके प्यार को जैसे मजनूं ,
पानी कि तलब मै तड़पता बस , फिलहाल मैं ठीक हूँ।
रेत के महल , औऱ सागर किनारे मैं बसूं ,
एक लहर सब ख़त्म , ओर क्या फिलहाल मैं ठीक हूँ।
रेशमी कपडा मखमली चादर , नींद ही बस चाहूँ ,
उनींदी आँखों कि चाहत , फिलहाल मैं ठीक हूँ।
आहिस्ता बढ़ती ज़िंदगी , अहसास आस-पास चाहूँ ,
हाथों से टटोलता तकिया , बस ओर क्या फिलहाल मैं ठीक हूँ।
मिठास जो ज़हर बने , सफ़ेद को जो काला जानू ,
बैठ ना सकूँ जो दो पल भी , ओर क्या फिलहाल मैं ठीक हूँ।
अपनों से बिछड़कर अपनों से दूर , पास उनके जा ना सकूँ ,
अपनी हदों को बांधता ,ओर क्या फिलहाल मैं ठीक हूँ।
उम्र बढ़ती मैं ना बढ़ता , मिट्टी का में मिट्टी ही चाहूँ ,
गलती पिघलती सांचों में ढलती , फिलहाल मैं ठीक हूँ।
सीधे सवालों का ना कोई जवाब , जवाब जिनके सवाल में चाहूँ ,
मूक में क्या ही कहूँ , बस फिलहाल मैं ठीक हूँ।
दिन गुजरते गुजरते साल , हर मंजिल पर खुद को अकेला पाऊं ,
भीड़ में तनहा सा , ओर क्या फिलहाल मैं ठीक हूँ।

2. सिकुड़े चादर की सलवटें

सिकुड़े चादर की सलवटें , कुछ अधूरे ख्वाब ,
आँखों के कपट बंद कर , पूरी होती हसरतें।
सिकुड़े चादर की सलवटें, सिरहाने की ये हरकतें ,
बिगड़ती बनती ये आयतें , ज़ोर ना कोई रियायतें।
सिकुड़े चादर की सलवटें, आँखों मै जीवन की ख़ुशी ,
नींद के पहले ख्वाब देखते , नन्हे क़दमों कि ये आहटें।
सिकुड़े चादर की सलवटें, आँखों मै नींद नहीं आती ,
सिरहाने मै ढूंढ़ते अपनों को , सारी रात लेते करवटें।
सिकुड़े चादर की सलवटें , गुजरी बिसरी यादें ,
नम आँखों से भीगते चादर ,कानों मै गूंजती अनजानी आहटें।
सिकुड़े चादर की सलवटें , तेरी पीठ ओर नज़रें चुराना ,
उडाड ये कांच का आशियाना , एक ठोकर ओर बिखर जाना।
सिकुड़े चादर की सलवटें , सूखे आंसू ओर पथराई आँखें ,
पीछे छोड़ सब आगे चलें , गुनाहों से बरी ना हम ना अदालतें।

3. मैं यूँ ही अब

मैं यूँ ही अब, किसी से बात नहीं करता ,
अक्सर मै किसी से, बात नहीं करता।
घाव हैं या , ज़िंदगी से दूरियां ,
ये नहीं भरता , या मैं नहीं भरता।
अपने वर्तमान को, अतीत के आईने से देखता ,
क्यों भविष्य को में , वर्तमान के आईने से नहीं देखता।
कभी सोचने बैठूं , नाम कभी मैं ,
मुझे कोई याद नहीं करता , या मैं नहीं करता।
जो इल्जाम ,दूसरों पे लगाए हुए हैं ,
तो मैं , इन कटघरों से क्यों नहीं उतरता ?
अजीब कश्मकश है, ज़िंदगी में ,
जवाब कई हैं पर कोई सवाल नहीं करता।

4. राजनीति

राजनीति बदले की ना हो, बदलाव की हो ,
जिससे जो हुआ है आज, फिर कभी ना हो।
तकनीकी आसमां में, और इंसानियत गर्त में ना हो ,
तरक्की कि राह में, मासूमियत बर्बाद ना हो।
जवानी के जोश में , निर्दोष के खिलाफ रोष ना हो ,
असहाय कि रूह पे घाव ना हों , ज़िंदगी कोई बर्बाद ना हो।
फिर किसी माँ की, कोख से चीत्कार ना हो ,
जन्मे जो भेड़िये इन्होने , उससे कोई निर्बल शिकार ना हो।
इंसान इतना असहाय ना हो , कि मासूम कि रक्षा में दो भुजाएं ना हो ,
इन्साफ अब बेहद सख्त हो , कि मानवता फिर शर्मसार ना हो।
उठ जाये अब काली कहीं , चढ़े बाघ पे वो दुर्गा कहीं ,
खप्पर कि धार त्रिशूल के वार , बस कि अब पापी ज़िंदा ना हो।
सब मिलो साथ में , कि पक्ष-विपक्ष कि चिंता ना हो ,
अब ओर आँखें शर्मिंदा ना हो , प्रबल प्रयास हो सिर्फ निंदा ना हो।

5. जरुरत नहीं है मुझे

कागज़ पे लिखे ओहदे की, दरकार नहीं है मुझे,
किसी कि कही बातों से , सरोकार नहीं है मुझे।
ऊपर वाला गवाह है, कि नीयत साफ़ है मेरी ,
किसी इंसान कि गवाही की, जरुरत नहीं है मुझे।
मेरा सफर, तंग गलियों से होकर गुजरता है,
मंजिल पाने के लिए, नक्शों की जरुरत नहीं है मुझे।
हाँ मेरा अंदाज, थोड़ा सुर्ख थोड़ा रुखा तो है ,
पर क्यों है , ये तुझे बताने कि जरुरत नहीं है मुझे।
मैंने खाये हैं तमाम धोखे, अपने खुदा से जरूर,
पर तुझे अपना खुदा बनाने की, जरुरत नहीं है मुझे।
मेरे दिल मेँ बराबर प्यार है, तुम सबके लिए,
पर तुम भी मुझे प्यार करो , इसकी जरुरत नहीं है मुझे।
ज़िंदगी के दिए ज़ख़्म, अब तक हरे हैं मेरे ,
तेरे दिए अहसानों के जख्मों कि जरुरत नहीं है मुझे।
मेरी आँखें पढ़ लेती हैं लिखावटें रूह कि तेरी ,
तू झूठ बोलता है ये तुझे बताने कि जरुरत नहीं है मुझे।

6. बस दोस्त मिलता नहीं है

आवाज़ें देता हूँ,
तू सुनता नहीं है,
मुड़के पीछे देखता हूँ,
तू दिखता नहीं है,
चले थे साथ सफर में,
तो अब क्यों चलता नहीं है,
घूम ली गलियां वो चौराहे,
पर अब तू मिलता नहीं है,
है बड़ी गहरी ये दोस्ती,
बस दोस्त मिलता नहीं है।

7. निर्ममता

ये कैसा सूरज उदय हुआ,
कि चारों ओर अंधकार छा गया,
क्यों हवाओं नें खो दी निर्मलता,
क्यों पानी नें खो दी शीतलता ।
इंसानो नें खो दी क्यों मानवता,
क्यों बेटियों से होती ये बर्बरता,
धिक्कार है उन कोखों को,
जिन से जन्मीं ये दानवता।
किया ऐसा ये अधर्म,
कि मुर्झा गयी है मानवता।
उठो आगे कदम बढ़ाओ,
दूर करो ये कायरता,
आज नहीं तो कब बोलोगे,
जब तुम्हारे साथ होगी ये निर्ममता ??

8. चलते रहो

बादल घुल रहे,
कि आसमान गीला हुआ ,
बीत गया वो पल,
जो था ठहरा हुआ,
सफर का था साथी,
जो अब सफर का हुआ,
झर -झर बहता झरना,
किसी का न हुआ,
सुन सुन चीख वो आखिरी,
मैं अब बहरा हुआ,
चलते रहो शायद मोड़ पे,
मिले कोई बिछड़ा हुआ।

9. जीवन लक्ष्य

निरंतर निरंकुश निर्विकार,
ना अहं ना अहंकार।
जीवन लक्ष्य सर्वोच्च,
शेष व्यर्थ बेकार।
खुद पर भरोसा,
किसी पे आस ना अधिकार।
जो किया तेरे हवाले,
कर-बंध मैं तू कर स्वीकार।

10. अनकहे शब्द

मेरे अनकहे शब्दों की फ़रियाद है ये,
जीते जी जो ना बुझे वो आग है ये,
अंधेरे को तरसती वो रोशनी है ये,
मेरे पाप ना धुलें वो प्रयाग है ये,
कुछ आँसुओं की बंद किताब है ये,
चुका ना पाऊँ वो हिसाब है ये,
थक के बंद होना चाहे वो धड़कन है ये,
मिल ना पाने की तड़पन है ये,
साँसों के खेल की सजा है ये,
समझ से परे जो वो सवाल है ये,
दिल में धड़कन नहीं सिर्फ याद है,
इस जिंदगी को जीने की वज़ह है ये ।

11. मैं शर्मिंदा हूँ

मखमली चादर में लिपटा में, चाय की चुस्की लेते हुए,
एक बच्चे को सड़क पर चाय बेचते देखता हूँ, मैं शर्मिंदा हूँ।
हजार रुपये का पिज्जा,दो हजार का केक मुह पर मलता हूँ,
मर जाते हैं भूख से कई मैं जानता हूँ, मैं शर्मिंदा हूँ।
छू ना सके हवा भी जिसे, उसको में ऐसे संभालता हूँ,
फिर किसी और को क्यूँ खुलेपन में चाहता हूँ, मैं शर्मिंदा हूँ।
मेरा धर्म मेरा अहं है, हर कोई अपना धर्म मानता है,
उड़ता मज़ाक देवियों का देखता हूँ, मैं शर्मिंदा हूँ।
भूंक मिटती जाती रोटियों से, आगे जाने की होड़ में,
एक को दूसरे को खाते देखता हूँ, मैं शर्मिंदा हूँ।
मोबाइल पर दिन रात खाना ढूँढता हूँ, जिन हाथों ने हाथ से खिलाया हो,
उन कांपते हाथों को खाना बनाते देखता हूँ, मैं शर्मिंदा हूँ।
ज़मीन छोड़ कर अपनी, शहरी बन गए जो,
उन परिवारों को फुटपाथ पे बढ़ते देखता हूँ, मैं शर्मिंदा हूँ।

12. निष्पाप निष्कलंक

मैं अब निष्पाप निष्कलंक होना नहीं चाहता ,
मैं अब निश्चिन्त निष्फिक्र सोना नहीं चाहता ,
इस नरक में फैली उनकी यादें हैं,
इसलिए पाप मुक्त मैं होना नहीं चाहता।
मैं अब निष्पाप निष्कलंक होना नहीं चाहता ,
इस आत्मग्लानि से विरक्त मैं होना नहीं चाहता,
ये दर्द दवा है दर्द का,
इस दर्द से मुक्त मैं होना नहीं चाहता।
मैं अब निष्पाप निष्कलंक होना नहीं चाहता ,
मैं अब निश्चिन्त निष्फिक्र सोना नहीं चाहता ,
कहीं खो ना जाएँ ये यादें ज़हन से,
इसलिए मैं अब मरना फिर से पैदा होना नहीं चाहता।

13. ग्वालियर की मिट्टी

काफी दिनों बाद घर गया था,
सोचा अब क्या ही बचा होगा वहां।
ना पड़ोस में दोस्त होंगे,
ना वो जिनके साथ ये जहां था वहां।
पुराने दिनों को याद किया,
कुछ वक़्त गुज़ारा वहां।
चलते वक़्त ऐसा लगा,
कि कोई रोक रहा था वहां।
वो मिट्टी थी घर की,
जिससे में अब तक बंधा था वहां।
अपनों की खुशबू भी थी,
यादों के पलों की महक भी थी वहां।
आते वक़्त साथ अपना घर ले आया,
थोड़ी सी ग्वालियर की मिट्टी ले आया ।

14. अजीब सफर है ये

गुज़रते पुलों के उपर से, धड़-धड़ आती रेल की आवाजों के बीच,
ग़मों-खुशियों को बांट दे, ऐसी कोई लकीर दूँ खींच।
एक तरफ घर जाने की खुशी, दूसरी ओर अपनों के ना होने का दुख,
गुज़र रहे समय के, बेरहम दौर से हम,
भावनाओं की नदियों का , हर रोज़ होगा संगम ।
गुज़रते हुए पुलों में, गुज़रे हुए पलों की खुशबू भी है,
अजीब सफर है ये, अजीब सफरिंग हैं इसमे,
गुज़रे पलों की खुशबू भी,और अपनों के जाने का दर्द है इसमें,
फिर त्योहार आयेंगे, फिर त्योहार मनाएंगे,
रंगों की रंगोली अबकी, श्याम श्वेत से सजाएँगे ।
सफ़र ये अनोखा है, या भावनाओं का धोखा है,
सुख और दुख को बांटती, कहीं कोई रेखा है इसमे।
अजीब सफर है ये, अजीब सफरिंग हैं इसमे,
जीत का जश्न मनाते, आँखों में आँसू भी हैं इसमे ।
खिडकियों को चीरती, सूरज की किरणें हों जिसमें,
रोशनी से बचती वहां, वो नज़रें हों जिसमे।
रोते हुए घर, होठों पे हसी आँखों में नम
अजीब सफर है ये, अजीब सफरिंग हैं इसमे,
अजीब सफर है ये, अजीब सफरिंग हैं इसमें ।
काफी अर्से बाद, एक बार फिर घर जा रहा हूँ,
ट्रेन में नेटवर्क नहीं है, तो खुद से बातें किए जा रहा हूँ।

15. मुस्कराहट के पीछे

कौन है जो छुपा है इस मुस्कराहट के पीछे,
बिखरी हुई जुल्फें आँखों को किए नीचे,
इन शब्दों के समन्दर में घुमा रही हो,
क्या सच है कि जिसको छुपा रही हो।
ऊंचे गगन में उड़ती पतंग सी तुम,
हवा को रस्ता दिखा रही हो,
कहने को इतना कुछ कि वक़्त कम पड़े,
तुम दो लफ्ज की कहानियां सुना रही हो।
बात बात पर तुम खिल खिला रही हो,
चुप कर बोलो क्या तुम छुपा रही हो,
वादियों में खुद से जा हो रुबरु,
क्यूँ ये भीड़ में अकेली चली जा रही हो।
नहीं में पड़ सकता चेहरा किसी का,
आँखों से सब जो ये कहे जा रही हो,
मेरे शब्दों में रहेंगे ये राज़ तुम्हारे,
जो खुलने के डर से तुम डरे जा रही हो।

16. खिड़की

ये खिड़की पे बैठा में सोचता हूँ,
ज़मीन से दूर अपने घर से दूर ,
अपनों से दूर अपने सपनों से दूर,
आखिर में क्या ही चाहता हूँ ।
इस जाल के पीछे के अधूरे दृश्य,
अधूरी आवाजें कुछ बाहर कुछ अंदर,
सुबह से शाम में क्यूँ ही भागता हूँ,
सुकून रातों में है तो दिन में क्यूँ जागता हूँ।
खिड़की पे बैठा में देखता हूँ,
कि पंछी वापिस घर जा रहे हैं,
ये जो शहर कभी सोता ही नहीं,
वहां सपनों के बाज़ार रोज़ देखता हूँ।

17. अभिनव

राहुल!!!! क्या हाल हैं दोस्त!
पहले घर के बाहर से फिर फोन से,
आवाज़ आती थी पर दिल से,
दोस्त के साथ पल गुज़ारे नहीं जाते,
दोस्त के साथ पल हैं जिए जाते ।
जिंदगी का सफर रास्ते अलग कर देता है,
फिर भी एक दोस्त दूसरे के दिल में जिंदा रहता है,
तू सफर में आगे बढ़ गया,
मेरा कुछ बाकी है तो मैं पीछे रह गया।
दोनों के अस्त होने तक रहे जो जिंदा,
उसे दोस्ती कहते हैं,
दोस्ती को अस्त होने तक जिंदा रखे,
उसे दोस्त कहते हैं।
जन्मदिन तेरा पर तू पास नहीं,
पर जहां भी हो खुश हो तू उदास नहीं,
फिर मिलेंगे खिलखिलाते मिलेंगे,
अबकी जमकर मिलेंगे।
फिर वो दौर आएगा एक दिन,
घर के बाहर से मैं आवाज लगाऊंगा,
अभिनव!!!! जोर से आवाज दूंगा,
'रिजल्ट आ गया' कह के लौट जाऊँगा।

18. आजादी

खुद को मैं से मुक्त करो,
और पर्व मनाओ आजादी का,
इंसान हो इंसान की फिक्र करो,
और पर्व मनाओ आजादी का।
ऊपर उड़ो पर जड़ों से जुडे रहो,
देश की फिक्र में माँ बाप मत भूलो,
उनको साथ लेकर आगे बढ़ो,
और पर्व मनाओ आजादी का।
वीर जवानों को याद करें हम,
नारी का सम्मान करें हम,
स्वदेशी और स्वावलंबी बने हम,
आओ पर्व मनाओ आजादी का।

19. देशप्रेम

ना भगत ना आजाद,
ना सुभाष चंद्र तू ही,
ना मंगल ना बिस्मिल ,
ना लाल बहादुर तू ही,
ना आजादी की लड़ाई,
ना आंदोलन ही कोई,
ना गोलियों की बौछार,
ना फांसी का तख्ता ही कोई,
फिर भी तिरंगा,
फहराना है तुझे,
इस देश का मान,
बढ़ाना है तुझे,
इंसान समझे इंसान को,
ऐसा पाठ पढ़ाना है तुझे,
घर घर देशप्रेम की,
अलख जगाना है तुझे।

20. थोड़ा इश्क कर

जिंदगी में थोड़ा रंग भर ले,
थोड़ा जी ले थोड़ा इश्क कर ले,
हाँ तू मोहब्बत मुझसे कर ले,
थोड़ा जी ले थोड़ा इश्क कर ले।
चेहरे को थोड़ा नूर से भर ले,
उदासी को छोड़ मुस्कुराहटों से मिल ले,
अब दूरियों को थोड़ा तू कम कर ले ,
थोड़ा जी ले थोड़ा इश्क कर ले।
माना कि मैं तेरे काबिल नहीं हूँ,
जेब से भी मैं उतना अमीर नहीं हूं,
स्टैंडरडों को थोड़ा तू कम कर ले,
थोड़ा जी ले थोड़ा इश्क़ कर ले।
मोहब्बत नहीं तुमको हमसे,
तो थोड़ा प्यार उधार में ले ले,
मारते हैं तुम पे तू भी थोड़ा हम पे मर ले,
आ थोड़ा जी ले थोड़ा इश्क कर ले।

21. तुम बड़ा याद आते हो

जब जब सूरज को ढलते देखता हूँ,
तुम बड़ा याद आते हो,
जब पंछियों को घर लौटते देखता हूँ,
तुम बड़ा याद आते हो,
कभी जो नाम पुकारे मेरा,
कभी जो जिक्र करे तेरा ,
तुम बड़ा याद आते हो,
कभी उंगलियां फिसल कर रुक जाती हैं,
कभी बजने वाली घंटी दिल धड़काती है,
फिर जब सच से सामना होता है तो,
तुम बड़ा याद आते हो,
बड़े बड़े सपने बड़े बड़े ख्वाब,
इतना था प्यार कम है शब्दों मे इजहार,
कई बातें कहीं कई रह गईं,
पर अब तो तुम सब जानते हो,
जहां कहीं भी हो ये मानते तो हो ना,
कि तुम बड़ा याद आते हो।

22. दोस्ती में कैसी उधारी।

हमको तुम ही याद कर लिया करो,
हमको लग गई है भूलने की बीमारी,
शक्लें सूरत भूल गए हम सब,
अर्सा हुआ कि कब मिले थे पिछली बारी।
बता दिया करो कि कहां ठिकाना है तुम्हारा,
रास्तों में खो जाना आदत है हमारी,
पकड़ के हाथ बिठा लिया करो हमें,
अक्सर बातें अधूरी रह जाती हैं हमारी।
कि दोस्त हैं तुम्हारे तो हक है तुम्हारा,
दोस्ती में कहाँ कैसी हिस्सेदारी,
जो कम थी साँसें तो बोल दिया होता,
ले लेते हमसे कुछ कि दोस्ती में कैसी उधारी।

23. मुलाकात

आज पुराने मैं से मुलाकात हो गई,
कुछ अनहोनी नहीं आम सी बात हो गई,
मुस्कुराते चेहरों पे दर्द की छाप रह गई,
उसने पूछा "क्या हाल हैं कहाँ हो आज कल "
हमने कहा "सब ठीक बस दिन की रात हो गई ,
सूरज के साथ रात होती है,
भीषण चांदनी में तपते रहते हैं,
जैसे तैसे आग छिड़कते रहते हैं,
बस कल पीठ हमारी पानी से जल गई,
बस ऐसे ही जिंदगी चल रही है,
हाँ थोड़ा सा बदल गई है। "
फिर हमने भी पूछ लिया "और तुम?"
उसने कहा
"हमारी जिंदगी वहीँ थम गई है ,
आज भी शाम को पुकारे जाते हैं,
कभी पुराने दोस्त बाहर से,
कभी आवाजें घर के अंदर से आती हैं,
दौड़ के बाहर जाते हैं तो कोई नहीं,
घर के अंदर भी कोई नहीं,
अब सिर्फ आवाजें ही आती हैं।"
हमने कहा
"हमारे साथ चलो यहां क्या ही बचा है "
उसने कहा "यहां यादें बची हैं "
"तुम भी यहां क्यूँ नहीं आ जाते "-हमसे पूछा

"वापिस नहीं आ सकता,
यहां यादें जो बची हैं। "
एक मौन सहमति बनी दोनों के बीच,
दोनों अपने रास्ते चले गए अब सिर्फ राह रह गई है।

24. मुस्कानें झूठी ही रह गईं

रेत जरा सी मुट्ठी में रह गई, बाकी सब उंगलियों से बेह गई ,
गले तो मिले गर्मजोशी से, पर आंखें सब सच बयां कर गयीं।
गिला ना किसी से, ना किसी से शिकवा ही सही,
दुख इतना ही कि, सब मुस्कानें झूठी ही रहीं।
हो सकता है में गलत रहूँ, पर कैसे कहूँ तुमको में सही,
किनारे ढूँढती मझधार में, नाव मेरी लहरों में बही।
साथ ना चलें अब, राहें जुदा हो गईं,
मुस्काने झूठी थीं, मुस्कानें झूठी ही रह गईं।

25. रंगों के गुलाम

गालों पर पड़ते गड्ढे, होठों को आंखों से जोड़ती रेखाएं,
मुस्कराते चेहरे की ये चमक, रंगों के गुलामों को दिखाई नहीं देती।
ये मीठी बोली, ये सादगी ये सौम्यता,
आवाज की जादूगरी, रंगों के गुलामों को दिखाई नहीं देती।
वो विराट इतिहास, वो महान किरदार,
वो साहस वो पराक्रम, रंगों के गुलामों को याद नहीं रहती।
वो कान्हा का रूप, वो काली का रूद्र,
वो राम सा संयम, रंगों के गुलामों को याद नहीं रेहता।
चाहें काले कपड़े चाहें काले बाल, फिर क्यूँ उफ्फ कि कारण है खाल,
क्यूँ रंगों के बीच है ये सारा बवाल, मेरा रंगों के गुलामों से है ये सवाल।
कई सालों पहले थे हम गुलाम, अब तो वो भी करें हमको सलाम,
ना कोई रानी ना कोई गुलामी ही बची,
कर लो आज़ाद कि अब वो जंजीर ही ना बची।

26. एयर होस्टेस

वन में घूमती हिरन के दल सी,
चिडियों के तैरते वृंद सी,
गोते लगातीं जल में मछलियों सी,
तितलियों सी चंचल चहलकदमी करती,
एक पल में इधर इक पल में उधर
एक सी पर अलग अलग,
अलग अलग पर एक सी,
अनुशासित फौजी बिन हथियार,
जरूरत पे बन जाए तलवार ,
ममता सी मधुर जरूरत पे लगाए फटकार,
ऐसी पवन देवियों को मेरा नमस्कार।

27. ये सुर्ख गहरी कत्थयी आंखें

ये सुर्ख गहरी कत्थयी आंखें,
सर्द रातों सी सोई ये आंखें,
गहरी नींद से जैसे जागी ये आंखें,
कोहरे से झाँकती रोशन ये आंखें,
सुर्ख गहरी कत्थयी ये आंखें।
ये सुर्ख गहरी कत्थयी आंखें,
रोशन रेत सी चमकती ये आंखें,
रेत के सागर में मृगमरीचिका सी आंखें,
उड़ती धूल सी धुंधली ये आंखें,
सुर्ख गहरी कत्थयी ये आंखें।
ये सुर्ख गहरी कत्थयी आंखें,
बारिश की बूंद में प्रतिबिंब सी आंखें,
घुमड़ते घनघोर बादलों सी ये आंखें,
बारिशों में नाचते मोर सी आंखें,
सुर्ख गहरी कत्थयी ये आंखें।
ये सुर्ख गहरी कत्थयी आंखें,
बसंत के आने की खुशी सी आंखें,
लहराते फ़ूलों सी चहकती ये आंखें,
फ़ूलों पे नाचते भवरे सी आंखें,
सुर्ख गहरी कत्थयी ये आंखें।
ये सुर्ख गहरी कत्थयी आंखें,
बोलती बातें करती ये आंखें,
दिल से धोखा करती ये आंखें,
दिल का हाल बताती ये आंखें,

सुर्ख गहरी कत्थयी ये आंखें।
गहरी रात कभी गुमसुम शाम ये आंखें,
देख लें तो तलवार की धार ये आंखें,
खुशियाँ मिलें जी भर जिएं,
ताजे पत्ते पे गिरी ओस की बूंद ये आंखें,
सुर्ख गहरी कत्थयी ये आंखें।

28. एक नज़र दरवाजे पर

एक नज़र दरवाजे पर, कि वो आ गए क्या,
एक नज़र घड़ी पर, कि सात बज गए क्या।
घड़ी और दरवाजे के बीच, उलझी हुई निगाहें ,
मैं कभी खुद को, जी पाऊँगी भी क्या।
मेरी नींदें निंदा का विषय ,मेरी हसी मेरी हिमाकत,
बंधनों से बंधी, कभी बोल पाऊँगी भी क्या।
यहां की में हूँ नहीं, वहां की में हो नहीं पाती,
पतों में अपना पता, कभी ढूँढ पाऊँगी भी क्या।
अकेली में कुछ नहीं, बिन तेरे कुछ वज़ूद नहीं,
असहाय अकेली मैं, कभी सक्षम बन पाऊँगी भी क्या।
कभी लक्ष्मी कभी दुर्गा, कभी जमुना कभी गंगा,
मिट्टी से बनी मैं, कभी लड़की बन पाऊँगी भी क्या।
रक्त के रंगों से सजा, इश्वर की देन कभी लगती है सजा,
घूरती आँखों से, इस शरीर को कभी छुपा पाऊँगी भी क्या।
कभी घर की इज़्ज़त, कभी समाज की सीमाएं,
लक्ष्मण रेखाओं से घिरी, कभी आजादी पाऊँगी भी क्या।

29. बरसात आने को है

भीगी बारिश की, कुछ बूंदों ने कहा है,
समेटे अपने आगोश में सूरज को,
कुछ नए कुछ पुराने, गाएंगे कुछ तराने,
खेलेंगे और खिलाएँगे ,रूठ गए को मनाएंगे,
रख दो कपड़े अलग से, ये वाले तो भीगने को है,
आजा कि बरसात,आने को है।
पहले भी हुई हैं, बरसातें कई बार,
कुछ हुआ अच्छा, कुछ बुरा कई बार,
कुछ मिले नए, कुछ बिछड़े हुओं की याद आने को है,
आजा कि बरसात आने को है।
दर्द के बादलों को, प्रेम में भिगोने,
मनचले मन को, बेफिक्री सिखाने,
सुनी आंखों में, नए सपने जगाने,
लगता है बरसात, आने को है।
ओ मेरे दोस्त, कहाँ है तू,
बिछड़ा मेरा, यार है तू ,
अब कि मिल आ, जहां भी है तू, आजा कि बरसात, आने को है।
पहले यादें थीं, पर फोटो नहीं थे,
आज फोटो हैं, पर यादगार नहीं है,
इस बार फिर से, कुछ यादों को बनाएं,
आजा कि बरसात, आने को है।
उलझनों के जाल में, तुम भी फंसे हम भी,
जिंदगी की चाल में, तुम भी फंसे हम भी,
इन जालों को इन चालों को, चलो भिगो दें,

आजा कि बरसात, आने को है।
कुछ नए कुछ पुराने, गाएंगे कुछ तराने,
खेलेंगे और खिलाएँगे ,रूठ गए को मनाएंगे,
रख दो कपड़े अलग से, ये वाले तो भीगने को है,
आजा कि बरसात,आने को है।
पहले भी हुई हैं, बरसातें कई बार,
कुछ हुआ अच्छा, कुछ बुरा कई बार,
कुछ मिले नए, कुछ बिछड़े हुओं की याद आने को है,
आजा कि बरसात आने को है।

30. जिंदगी

जिंदगी जिएं या,
इन्तेज़ार करें हम ,
सपने देखें या,
टूटने से डरें हम,
सोचो करना क्या है,
क्या ही करें हम,
जिंदगी जीना है,
तो आज से ही जिएं हम,
किसने कहा,
क्यूँ किया क्या ही किया,
इस झमेले में,
कम से कम पड़े हम,
अपनी धुन में,
मगन लगे रहें हम,
क्या होगा कैसे होगा,
कब होगा कहाँ होगा,
भविष्य की अनिश्चितता से,
बचे रहे हम,
दर्द है दर्द आएगा,
कौन है जो दर्द से बचा है,
दर्द को सहने की,
शक्ति लिए हम ।

31. झूठ

भरे बाजार में बिकता है झूठ,
हम ही हैं जो सिर्फ सच बोलते हैं,
पर हर सच एक झूठ भी होता है,
तो क्या हम भी झूठ बोलते हैं।
बोलें तो अर्थ का अनर्थ करते हैं,
ना बोलें तो खामोशी को सहमती मानते हैं,
अजीब कशमकश है जिंदगी की,
एक हम ही हैं जो सच जानते हैं।
गुनाहों का अपना कारोबार है बड़ा,
गुनाहों के हर पैंतरे जानते हैं,
सच को सच कैसे बोल पाएं,
बस यही नहीं जानते हैं ।

32. चेतक चढ़ो प्रताप

घनघोर काली रात,
कल की थी बात,
आज नया उदय है,
आज एक नया समय है ,
कर अभेद्य लक्ष्य को प्राप्त,
हर प्रलाप को समाप्त,
जीत की तू नीव रख,
विजय शंखनाद कर,
शेर सा दहाड़,
कर पहला तू प्रहार,
सूर्य को ललकार,
करे दुश्मन हाहाकार,
निर्मल जल नहीं,
अब जल कर बढ़ा ताप,
रणभेरी बज उठीं कि,
अब चेतक चढ़ो प्रताप।

बड़े बेहोश थे हम

"उठा रहे थे , बोझ -ए-ज़ख्म ,
सजायाफ्ता रहे ,जो जीवन भर वो हम ,
अंत में पता चला , कि केवल निर्दोष थे हम ,
अब तक , बड़े बेहोश थे हम।
सोचते थे जिसे अपना , वो ही बस अपना ही ना था ,
देखते थे जो सपना ,वो सपना भी ना था ,
हक़ीक़तों से दूर , सब सच मानते थे हम,
अब तक , बड़े बेहोश थे हम।
सुलझाते रहे सलवटों को , जो थीं ही नहीं ,
मिटते रहे नफरतों को , जो थीं ही नहीं ,
उलझनों को सुलझाने मै, हो गए हम बेदम ,
अब तक , बड़े बेहोश थे हम।
रेत के महलों मै , रंगोली सजाते रहे ,
जो पहेली थी ही नहीं ,बुझाते रहे ,
अपने छोड़ दरों के दीयों में , तेल बढ़ाते रहे हम ,
अब तक , बड़े बेहोश थे हम।"

RS

www.ingramcontent.com/pod-product-compliance
Lightning Source LLC
LaVergne TN
LVHW071126160826
845679LV00005B/1197

9798897444533